UNTERNEHMEN SOZIAL GESTALTEN

Ein Leitfaden zur Einfhrung der sozialen Dimension der Nachhaltigkeit

Marius Furmann

Hamburg, 1. April 2019

EINLEITUNG

Im Rahmen der Corporate Social Responsibility (CSR), also der gesellschaftlichen Verantwortung von Unternehmen, stellt die soziale Dimension, neben der ökologischen und der ökonomischen, eine von 3 tragenden Säulen der Nachhaltigkeit dar. Die Debatte um die Ausgestaltung der sozialen Verantwortung von Unternehmen beschäftigt neben der Politik auch sämtliche Stakeholder eines Unternehmens und ist dadurch sehr aktuell. Seit Beginn der 1980er Jahre beschäftigen sich immer mehr Unternehmen aus verschiedenen Gründen und in unterschiedlicher Ausprägung mit der sozialen Dimension der Nachhaltigkeit. Was damit begann, dass Unternehmer Wohnungen oder erste Krankenversicherungen für ihre Mitarbeiter bereitstellten, hat heute eine deutlich weitergehende Gestalt angenommen. Diese Komplexität drückt sich in der Vielfalt der Organisationen und Initiativen aus, die sich mit dem Thema beschäftigen. So gibt es nicht nur verschiedene Leitsätze zum sozialen Handeln von Unternehmen, sondern neben den Standards zur Berichterstattung über die Tätigkeiten auch verschiedene Rankings, welche die Unternehmen nach ihren eigenen Kriterien beurteilen. Gerade in Zeiten eines Arbeitnehmermarktes und stärker aufkommenden

Diskussionen rund um die Nachhaltigkeit ist es für Unternehmen unerlässlich, sich mit diesem Thema auseinanderzusetzen, um sich im Rennen um die wenigen Fachkräfte auf dem Arbeitsmarkt von anderen Firmen abheben zu können.

Dieser Leitfaden entstand im Rahmen einer wissenschaftlichen Arbeit an der TU Hamburg-Harburg und soll eine unterstützende Wirkung und ein Überblick über die Thematik sein, um Unternehmen den Einstieg in das sozial nachhaltige Handeln zu erleichtern. Hierzu wird eine Rangliste erstellt, die aufzeigt, welche sozialen Kernthemen in den verschiedensten vorhandenen Initiativen am häufigsten behandelt werden. Zudem wird ein Vorgehen zum Einstieg in die soziale Nachhaltigkeit aufgezeigt.

AUSGEWHLTE INITIATIVEN ZUR SOZIALEN NACHHALTIGKEIT

Es werden zunächst grundlegende Leitlinien sowie relevante Standards zur Berichterstattung bzw. zur Zertifizierung von Unternehmen dargestellt, die bei dem Thema soziale Nachhaltigkeit eine bedeutende Rolle haben. Unter genauerer Betrachtung liegen hierbei die Kernelemente und ihre Bedeutung, auf die die Unternehmen bei der Ausgestaltung der sozialen Dimension von CSR achten sollen. Anschließend wird anhand von je einem internationalen und einem nationalen Rankingverfahren aufgezeigt, nach welchen Kriterien die Nachhaltigkeitsleistung der Unternehmen gemessen wird.

GRUNDLEGENDE LEITLINIEN

OECD-Leitstze fr multinationale Unternehmen

Die OECD-Leitsätze existieren seit 1976 (vgl. Dubielzig 2009, S. 40) und stellen die umfangreichsten Richtlinien dar, auf die sich internationale Regierungen geeinigt haben (vgl. Chahoud 2005, S. 3). Im Jahr 2000 und 2011 wurden jeweils neuüberarbeitete und aktualisierte Versionen herausgegeben. Aufgrund von Veränderung der Unternehmensumwelt, wurden zahlreiche Änderungen angestrebt und umgesetzt. Die OECD-Leitsätze gelten als Empfehlung für multinationale Unternehmen und sind lediglich von freiwilliger Natur. Sie sollen die Unternehmen anleiten, wie sie verantwortungsbewusst und nachhaltig handeln können. Derzeit verpflichten sich 42 Regierungen, bestehend aus OECD- und Nicht-OECD-Ländern, zur Einhaltung und Förderung dieser Leitsätze. Ziel ist es, den Beitrag zum Fortschritt der drei Dimensionen von CSR, Ökonomie, Ökologie und Soziales, durch die Unternehmen weltweit zu fördern (vgl. OECD 2011, S. 3). Die OECD-Grundsätze teilen sich in die folgenden elf Kapitel ein: Begriffe und Grundsätze, allgemeine Grundsätze, Offenlegung von Informationen, Menschenrechte, Beschäftigung und Beziehungen zwischen den Sozialpartnern, Umwelt, Bekämpfung der Korruption, Verbraucherinteressen, Wissenschaft und Technologie, Wettbewerb sowie Besteuerung (vgl. OECD 2011, S. 7). Für die dritte Säule der Nachhaltigkeit sind vor allem die folgenden vier Kapitel von Relevanz, deren Inhalt kurz dargestellt wird:

Allgemeine Grundsätze: Hier werden einige Themen aufgegriffen, die in den anschließenden Kapiteln der OECD-Leitsätze noch detaillierter behandelt werden. Zunächst sollen die Unternehmen die Menschenrechte respektieren, Arbeitsplätze schaffen und Aus- bzw. Weiterbildung der Mitarbeiter fördern. Des Weiteren verstoßen diskriminierende und disziplinarische Maßnahmen gegenüber dem Personal gegen die Leitsätze. Ferner sollen negative Effekte durch die Unternehmenstätigkeit vermieden werden. Zusätzlich muss dafür sorgegetragen werden, dass keine Verletzungen der Leitsätze durch das eigene Unternehmen oder durch Geschäftspartner entstehen. In diesem Bezug wird die Due Dilligence Prüfung erwähnt, bei der dem Unternehmen eine Sorgfaltspflicht zukommt, um sicherzustellen, dass die Leitsätze eingehalten werden (vgl. OECD 2011, S. 22 ff.).

Menschenrechte: In diesem, nach der letzten Überarbeitung, neuen Kapitel (vgl. OECD 2011, S. 4), geht es wie bereits oben erwähnt darum, dass die Menschenrechte seitens des Unternehmens respektiert werden. Sie sollen die Rechte achten, aber auch dafür sorgen, dass sie durch andere Beteiligte geachtet werden. Verletzungen, aufgrund der eigenen Geschäftstätigkeit sowie von Geschäftspartnern, sollen aufgedeckt (Due Dilligence) und vermieden werden. Weiterhin soll eine Erklärung zur Achtung der Menschenrechte verfasst werden und eine Entschädigung im Falle einer Menschenrechtsverletzung geleistet werden (vgl. OECD 2011, S. 36 ff.).

Beschäftigung und Beziehungen zwischen Sozialpartnern: Dieses Kapitel orientiert sich an den Arbeitsnormen der Internationalen Arbeitsorganisation (IAO). Demnach haben die Arbeitnehmer ein Recht auf Gewerkschaften, die sie beispielsweise bei Verhandlungen vertreten dürfen. Ferner soll jeder gleich behandelt und nicht diskriminiert werden. Dazu gehört auch die Gleichbehandlung beider Geschlechter. Neben der Ermöglichung von Tarifverhandlungen und der Begünstigung von Tarifverträgen, sollen weiterhin, soweit möglich, hiesige Arbeitnehmer eingestellt und Fortbildungsmaßnahmen angeboten werden. Zu vermeiden ist jegliche Form von Kinder- und Zwangsarbeit im Zuge der Geschäftstätigkeit. Falls diese vorhanden ist, muss sie abgeschafft werden. Ziel ist außerdem, dass die Unternehmen ihrer Informationspflicht gegenüber ihren Arbeitnehmern bzw. deren Vertretern nachkommen und sie regelmäßig über die Unternehmenslage und die Beschäftigungsbedingungen aufklären. Hierzu gehört auch eine frühzeitige

Mitteilungspflicht bei einer Veränderung der Geschäftstätigkeit, bspw. einer möglichen Aufgabe eines Produktionsstandortes. Dem Personal sollen darüber hinaus mindestens standardmäßige Arbeitsbedingungen und -zeiten geboten werden. Die Gegenleistungen ihrer Arbeitstätigkeit, die vor allem die Löhne umfassen, sind so hoch anzusetzen, dass wenigstens die Deckung der Grundbedürfnisse ermöglicht wird (vgl. OECD 2011, S. 41 ff.).

Wissenschaft und Technologie: Die Unternehmen sollen im Rahmen ihrer Möglichkeit einen Wissens- und Technologietransfer fördern und damit einen nachhaltigen Fortschritt ermöglichen. Ideal für die Entwicklung der lokalen Bedürfnisse sind dahingehend die Einstellung einheimischer Arbeitskräfte und die Förderung ihrer Ausbildung. Wünschenswert sind außerdem eine Kooperation der Unternehmen mit den regionalansässigen Hochschulen und Forschungsinstituten sowie eine Beteiligung an Verbundforschungsprojekten (vgl. OECD 2011, S. 65 f.).

Als eine Art Besonderheit besitzen die OECD-Leitsätze ein Beschwerdeverfahren. Über Nationale Kontaktstellen können Beschwerden über Unternehmen eingereicht werden, falls diese die Leitlinien nicht einhalten. Danach müssen die Regierungen die verletzenden Unternehmen dazu veranlassen, ihr Fehlverhalten zu ändern. Verpflichtend ist dies für die Unternehmen dennoch nicht. Dadurch sind diese Standards zwar nicht rechtsverpflichtend, aber die Einhaltung wird durch die beteiligten Staaten gefördert (vgl. DGB 2011, S. 1). Ändern die Unternehmen ihre falsche Handlungsweise nicht, so wird dies öffentlich gemacht und es kommt dadurch gegebenenfalls zu einem Imageverlust. Daher versuchen die Unternehmen in der Regel eine Einigung zu finden und somit die Leitsätze einzuhalten (vgl. Matecki 2007, S. 15 f.).

Dreigliedrige Grundsatzerklrung der ILO

Die erste Auflage der dreigliedrigen Grundsatzerklärung über multinationale Unternehmen und Sozialpolitik entstand im Jahr 1977 aufgrund von Problemen
in den Gebieten Arbeit und Sozialpolitik, die aufgrund
der globalen Aktivitäten der multinationalen Unternehmen in den Gastländern hervorgerufen wurden.
Verhaltensregeln mussten vor allem für die in Entwick-
lungsländern tätigen Unternehmen festgelegt werden.
Auch diese Regeln gelten lediglich als Richtlinien
und haben daher keinen verpflichtenden Charakter.
Sie richten sich neben den multinationalen Unternehmen auch an Regierungen sowie an Arbeitgeber- und
Arbeitnehmerverbände. Aber auch nicht multinational
tätige Unternehmen sollen hierdurch angesprochen
werden (vgl. ILO 2006, S V). Das Ziel dieser Normen
„ist es, den positiven Beitrag, den multinationale Unternehmen zum wirtschaftlichen und sozialen Fortschritt
leisten können, zu fördern und die Schwierigkeiten,
zu denen es durch ihre verschiedenen Tätigkeiten
kommen kann, zu vermindern und zu beheben, unter
Berücksichtigung der Resolution der Vereinten Nationen, in denen die Errichtung einer neuen internationalen Wirtschaftsordnung empfohlen wird" (IAA
2001, S. 2).

In den Jahren 2000 und 2006 erfolgte eine Anpassung
und Überarbeitung dieser Erklärung. Da sie arbeits-

und sozialpolitische Themen aufgreift, ist sie als ganzes relevant für die soziale Dimension der Nachhaltigkeit. Die Erklärung beschäftigt sich mit den folgenden fünf Bereichen und hat insgesamt 59 Grundsätze:

Allgemeine Maßnahmen: Die Unternehmen werden dazu angehalten, nicht nur die Menschenrecht zu achten und internationale Arbeitsnormen einzuhalten, sondern auch die sozialen Ziele und Strukturen der jeweiligen Länder zu beachten. Weiterhin sollen die unternehmerischen Tätigkeiten auf nationale Gesetze und Zielsetzungen abgestimmt werden (vgl. ILO 2006 S. 3).

Beschäftigung: Es sollen wirtschaftliche Beziehungen mit lokalen Zulieferfirmen ausgebaut und die heimische Arbeitsbevölkerung bei Neueinstellungen, Weiterbildungen und Beförderungen bevorzugt werden. Damit soll die Beschäftigung gefördert und gesichert werden. Durch die Entwicklung und Einführung neuer Technologien in den jeweiligen Ländern soll diese ebenfalls gefördert werden. Darüber hinaus müssen die Arbeitnehmer in jeglicher Hinsicht, auch bei der Einstellung, gleichbehandelt und in keinster Weise diskriminiert werden. Folglich sollte eine sachliche Bewertung ihrer „Qualifikationen, Fertigkeiten und Erfahrungen" (IAA 2001, S. 6) erfolgen. Hinsichtlich der Sicherheit von Arbeitsplätzen sollen die Unternehmen ihre Tätigkeiten so ausrichten, dass eine hohe Beständigkeit gegeben ist. Bei umfassenden Änderungen sollen die Arbeitnehmer, deren Vertreter und die Regierungen frühestmöglich informiert werden, um gegebenenfalls noch Maßnahmen treffen zu können, damit eine hohe Arbeitslosigkeit vermieden werden kann (vgl. ILO 2006, S. 4 f.).

Ausbildung: Es sollen für die Beschäftigungen geeignete Ausbildungsprogramme auf allen Ebenen für die Arbeitnehmer angeboten werden, damit Fähigkeiten erlernt und weiterentwickelt werden. Diese sollen nicht nur für das auszubildende Unternehmen, sondern auch allgemeinberuflich nützlich sein und den beruflichen Aufstieg fördern. Die Inhalte der entsprechenden Ausbildungen sollen in Absprache mit den verantwortlichen Behörden und Institutionen erfolgen. Dabei soll speziell die einheimische Arbeitsbevölkerung gefördert werden (vgl. ILO 2006, S. 6).

Arbeits- und Lebensbedingungen: Die Unternehmen sollen ihren Arbeitnehmern mindestens solche Löhne, Leistungen und Arbeitsbedingungen bieten, dass deren Grundbedürfnisse und die ihrer Familien gedeckt werden. Vergleichbare Arbeitgeber und die wirtschaftliche Lage stellen dabei die Grundlage für die Ausgestaltung. Um der Kinderarbeit entgegenzuwirken, muss das Mindestalter für eine Arbeitsbeschäftigung eingehalten werden. Weiterhin sollen die Unternehmen dafür sorgen, dass die höchsten Arbeitsschutznormen eingehalten werden. Die Aufklärung der Angestellten hinsichtlich der vorhandenen Gefahren und der jeweiligen Schutzmaßnahmen sind in diesem Zusammenhang weitere zu klärende Punkte. Die möglichen Gefährdungen sollen weitergehend untersucht und entsprechende Verbesserungsmaßnahmen durchgeführt werden (vgl. ILO 2006, S. 6 f.).

Arbeitsbeziehungen: Die Arbeitnehmer dürfen nicht daran gehindert werden, unabhängige Organisationen zu gründen, ihnen beizutreten und sich zu versammeln. Dahingehend sollen die Unternehmen die entsprechenden Arbeitnehmer weiter gleich behandeln und darüberhinaus die stellvertretenen Arbeitgeberverbände unterstützen. Anzustreben ist außerdem, den Arbeitnehmern die Möglichkeit zur Verhandlung über Gesamtarbeitsverträge und den Vertretern der Arbeitnehmer den Zugang zu verhandlungsrelevanten Informationen zu geben. In den Verhandlungen darf nicht damit gedroht werden, dass Betriebe geschlossen oder verlegt werden, nur damit Forderungen durchgesetzt werden. Bringen Arbeitnehmer Beschwerden vor, müssen die vorgebrachten Anschuldigungen angemessen behandelt werden, ohne dass den Arbeitnehmern dadurch Nachteile entstehen (vgl. ILO 2006, S. 7 ff.).

Im Vergleich zu den OECD-Leitsätzen besitzt die dreigliedrige Grundsatzerklärung der ILO kein Beschwerdeverfahren und Verstöße werden nicht öffentlich gemacht. Daher ist es ein rein freiwilliges Instrument. Es wird aber hervorgehoben, dass die Unternehmen die Inhalte der Grundsätze in Absprache mit den staatlichen Stellen, den Arbeitnehmer- und Arbeitgeberverbänden sowie mit sonstigen relevanten Verbänden und Institutionen ausgestaltet werden sollen. Dies kann wesentlich zur Verbesserung der Arbeitsbedingungen beitragen.

UN Global Compact

Der UN Global Compact wurde im Jahre 1999 auf dem Welt-wirtschaftsforum in Davos vom damaligen Generalsekretär der Vereinten Nationen (UN) Kofi Annan vorgestellt. Er beinhaltet insgesamt zehn Prinzipien über die Bereiche Menschenrechte (Prinzipien eins und zwei), Arbeitsnormen (Prinzipien drei bis sechs), Umweltschutz (Prinzipien sieben bis neun) und Korruptionsbekämpfung (Prinzip zehn) und basiert auf der Allgemeinen Erklärung der Menschenrechte (1948), auf der Erklärung über die grundlegenden Prinzipien und Rechte bei der Arbeit der Internationalen Arbeitsorganisation (ILO, 1998) und auf den Grundsätzen der Erklärung von Rio zu Umwelt und Entwicklung (1992) (vgl. Curbach 2009, S. 103 f.). Das zehnte Prinzip wurde im Jahr 2003 ergänzt und beruht auf der UN Konvention gegen Korruption (vgl. Deutsches Global Compact Netzwerk 2012a). Die Prinzipien lauten wie folgt, wobei die Prinzipien sieben bis neun für die soziale Verantwortung eine zu vernachlässigende Rolle spielen:

– Prinzip 1: Unternehmen sollen den Schutz der internationalen Menschenrechte innerhalb ihres Einflussbereichs unterstützen und achten und
– Prinzip 2: sicherstellen, dass sie sich nicht an Menschenrechtsverletzungen mitschuldig machen.
– Prinzip 3: Unternehmen sollen die Vereinigungsfreiheit und die wirksame Anerkennung des Rechts auf Kollektivverhandlungen wahren sowie ferner für
– Prinzip 4: die Beseitigung aller Formen der Zwangsarbeit,
– Prinzip 5: die Abschaffung von Kinderarbeit und
– Prinzip 6: die Beseitigung von Diskriminierung bei

Anstellung und Beschäftigung eintreten.
- Prinzip 7: Die Wirtschaft soll umsichtig an ökologische Herausforderungen herangehen,
- Prinzip 8: Initiativen zur Förderung eines verantwortlichen Umgangs mit der Umwelt durchführen und
- Prinzip 9: sich für die Entwicklung und Verbreitung umweltfreundlicher Technologien einsetzen.
- Prinzip 10: Die Wirtschaft soll alle Formen der Korruption bekämpfen, einschließlich Erpressung und Bestechung (vgl. Deutsches Global Compact Netzwerk 2012a).

Hinsichtlich der nachhaltigen Globalisierung, zählt sich der UN Global Compact heute als „das weltweit bedeutendste Business-Netzwerk" (ICC Deutschland 2012). Das Ziel dieser Initiative ist es, „ökonomische Aktivitäten einerseits und den Schutz der Menschenrechte, Sozialstandards und der Umwelt sowie die Korruptionsbekämpfung andererseits vereinbar zu gestalten" (ICC Deutschland 2012). Insgesamt hat diese Initiative weltweit mehrere Tausend Teilnehmer, wobei es sich zum Großteil um Unternehmen handelt, die sich zum einhalten der zehn Prinzipien verpflichtet haben. Diesen wird in Form von Lernforen und Sachgesprächen die Möglichkeit geboten, Erfahrungen, Meinungen und Informationen auszutauschen (vgl. ICC Deutschland 2012). Durch Nichteinhalten der Prinzipien, droht den Teilnehmern der öffentliche Ausschluss aus dem Pakt. Dies soll die Motivation der beteiligten Unternehmen erhöhen, die zehn Grundsätze einzuhalten (vgl. United Nations Global Compact 2012). Grundsätzlich ist aber auch dieses Abkommen lediglich von freiwilliger Natur und demnach nicht bindend.

ISO 26000 SR

Die Norm ISO 26000 SR wurde im Jahr 2010 veröffentlicht und ist seit Anfang 2011 auch als deutsche DIN ISO Norm verfügbar. Sie stellt einen „Leitfaden zur gesellschaftlichen Verantwortung" dar (vgl. DIN ISO 26000:2011, S. 1) und gilt nicht nur für Unternehmen, sondern für jegliche Art von Organisationen. Entwickelt wurde sie von Experten aus den sechs verschiedenen Anspruchsgruppen „Konsumenten, Behörden, Wirtschaft, Erwerbstätige, Nichtregierungsunternehmen, sowie Dienstleistung, Beratung, Forschung, Wissenschaft und sonstige" (DIN ISO 26000:2011, S. 5). Diese kommen aus über 90 Ländern und 40 Organisationen (vgl. DIN ISO 26000:2011, S. 5). Das Ziel dieser Norm ist es, sowohl privatwirtschaftlichen und öffentlichen als auch gemeinnützigen Organisationen nützliche Informationen zu Grundsätzen, Kernthemen und Handlungsfeldern im Bereich der gesellschaftlichen Verantwortung zu geben und zu zeigen, wie dies in die Organisation eingebunden werden kann. Sie kann dazu dienen, Unerfahrenen auf diesem Gebiet einen ersten Einblick zu geben oder dem Sachkundigen dabei helfen, seine Praktiken zu verbessern. Ein herausragender Unterschied zu anderen ISO-Normen ist, dass eine Zertifizierung nach dieser Norm nicht möglich ist (vgl. DIN ISO 26000:2011, S. 8 f).

Aufgeteilt ist die ISO 26000 in sieben Abschnitte (vgl.

DIN ISO 26000:2011, S. 2 ff.), wobei im Folgenden auf die Abschnitte vier, mit den sieben Grundsätzen, und Abschnitt sechs, mit Kernthemen und Handlungsfeldern, eingegangen wird. Zu den sieben Grundsätzen gehören die Rechenschaftspflicht, Transparenz, Ethisches Verhalten, Achtung der Interessen von Anspruchsgruppen, Achtung der Rechtsstaatlichkeit, Achtung internationaler Verhaltensstandards sowie Achtung der Menschenrechte. Wichtig ist weiterhin, dass Organisationen ihre gesellschaftliche Verantwortung anerkennen und ihre Anspruchsgruppen identifizieren und einbinden (Abschnitt 5 dieser ISO-Norm). Im Sinne dieser Arbeit steht das Hauptaugenmerk auf Abschnitt sechs. Dieser beinhaltet die folgenden sieben Kernthemen, mit denen sich Organisationen auseinander setzen sollen: Organisationsführung, Menschenrechte, Arbeitspraktiken, Umwelt, faire Betriebs- und Geschäftspraktiken, Konsumentenanliegen sowie Einbindung und Entwicklung der Gemeinschaft (vgl. DIN ISO 26000:2011, S. 25 ff.).

Mit Ausnahme der Organisationsführung, wird in diesem Abschnitt der Norm zu jedem Kernthema eine gewisse Anzahl an Handlungsfeldern behandelt und beschrieben. In Tabelle 1 und Tabelle 2 sind die jeweiligen Kernthemen und ihre Handlungsfelder aufgeführt, die Organisationen hinsichtlich der sozialen Dimension der Nachhaltigkeit beachten sollten. Jede Organisation sollte für sich genau prüfen, welche für sie von Bedeutung sind.

Kernthema	Menschenrechte
Handlungsfelder	Gebührende Sorgfalt
	Menschenrechte in kritischen Situationen
	Mittäterschaft vermeiden
	Missstände beseitigen
	Diskriminierung und schutzbedürftige Gruppen
	Bürgerliche und politische Rechte
	Wirtschaftliche, soziale und kulturelle Rechte
	Grundlegende Prinzipien und Rechte bei der Arbeit
Kernthema	**Arbeitspraktiken**
Handlungs-felder	Beschäftigung und Beschäftigungsverhältnisse
	Arbeitsbedingungen und Sozialschutz
	Sozialer Dialog
	Gesundheit und Sicherheit am Arbeitsplatz
	Menschliche Entwicklung und Schulung am Arbeitsplatz
Kernthema	**Faire Betriebs- und Geschäftspraktiken**
Handlungsfelder	Korruptionsbekämpfung
	Verantwortungsbewusste politische Mitwirkung
	Fairer Wettbewerb
	Gesellschaftliche Verantwortung in der Wertschöpfungskette Fördern
	Eigentumsrechte achten

Tabelle 1: Relevante Kernthemen und Handlungsfelder gesellschaftlicher Verantwortung (1) (Quelle: eigene Darstellung, in Anlehnung an DIN ISO 26000:2011, S. 10 f.)

Betrachtet man die einzelnen Handlungsfelder der Kernthemen, so kann man diese aus Unternehmens- bzw. Organisationssicht auch hinsichtlich der Verantwortung umbenennen: Menschenrechte können dann als allgemeine Verantwortung gegenüber dem Menschen, Arbeitspraktiken als Verantwortung gegenüber den Mitarbeitern, Faire Betriebs- und Geschäftspraktiken als Verantwortung in der Wertschöpfungskette und im Wettbewerb, Konsumentenanliegen als Verantwortung gegenüber den Konsumenten und Verbrauchern sowie die Einbindung und Entwicklung der Gemeinschaft kann als Verantwortung gegenüber der Gesellschaft bezeichnet werden.

Kernthema	Konsumentenanliegen
Handlungsfelder	Faire Werbe-, Vertriebs- und Vertragspraktiken sowie sachliche und unverfälschte, nicht irreführende Informationen
	Schutz von Gesundheit und Sicherheit der Konsumenten
	Nachhaltiger Konsum
	Kundendienst, Beschwerdemanagement und Schlichtungsverfahren
	Schutz und Vertraulichkeit von Kundendaten
	Sicherung der Grundversorgung
	Verbraucherbildung und Sensibilisierung
Kernthema	**Einbindung und Entwicklung der Gemeinschaft**
Handlungsfelder	Einbindung der Gemeinschaft
	Bildung und Kultur
	Schaffung von Arbeitsplätzen und berufliche Qualifizierung
	Schaffung von Wohlstand und Einkommen
	Gesundheit
	Investition zugunsten des Gemeinwohls

Tabelle 2: Relevante Kernthemen und Handlungsfelder gesellschaftlicher Verantwortung (2) (Quelle: eigene Darstellung, in Anlehnung an DIN ISO 26000:2011, S. 10 f.)

Die ISO 26000 SR stellt ein relativ neues und sehr umfangreiches Instrument zur sozialen bzw. gesellschaftlichen Verantwortung dar. Sie zeigt genau auf, welche Themen behandelt werden sollen. Dazugehörige Beschreibungen und Handlungsempfehlungen werden ebenfalls angegeben. Daher kann diese Norm sehr gut für einen tieferen Einblick in die Thematik genutzt werden. Positiv ist auch die Zusammenarbeit mit den zahlreichen Anspruchsgruppen.

Grnbuch: Europische Rahmenbedingungen fr die soziale Verantwortung der Unternehmen

Das Grünbuch wurde im Jahr 2001 von der Europäischen Kommission als ein freiwilliges Konzept für Unternehmen veröffentlicht und hat das Ziel, eine breite Diskussion um das Thema CSR zu fördern (vgl. Europäische Kommission 2001, S. 1 ff.). Für die Strategie einer nachhaltigen Entwicklung Europas sieht die Kommission, dass „langfristig [...] Wirtschaftswachstum, sozialer Zusammenhalt und Umweltschutz Hand in Hand" gehen (Europäische Kommission 2001, S. 5). Dies sollen die Unternehmen gegenüber ihren Arbeitnehmern und ihren Stakeholdern praktizieren (vgl. Europäische Kommission 2001, S. 5). Die Europäische Kommission hat sich weiterhin zur Förderung und Einhaltung der bereits oben erwähnten OECD-Leitsätze und der Arbeitsnormen der ILO verpflichtet und will bereits bestehende Initiativen ergänzen. Wichtigster Punkt dabei ist die Förderung und Verbreitung von vorbildlichen Methoden, sogenannte „Best Practice" (vgl. Europäische Kommission 2001, S. 7). Nachfolgend werden die für die soziale Nachhaltigkeit relevanten Aspekte dargestellt. Diese werden zunächst in eine interne und eine externe Dimension geteilt.

Interne Dimension: Hier werden die Themen „Humankapital", „Arbeitsschutz" und „Bewältigung des Wandels" angesprochen. In Sachen Humankapital ist es das Ziel von Unternehmen nicht nur geeignete und qualifizierte Mitarbeiter einzustellen, sondern dass ihnen diese auch langfristig erhalten bleiben. Um sie an sich zu binden, müssen unternehmensseitig geeignete Maßnahmen getroffen werden. Hierzu gehören vor allem Aus- und Weiterbildungen, Selbstverantwortung, gute Work-Life-Balance, jegliche Gleichberechtigung und Nichtdiskriminierung sowie abwechslungsreiche Arbeitstätigkeiten und die Bemühung um sichere Arbeitsplätze. In Bezug auf den Arbeitsschutz soll eine ständige Erhöhung des Standards erzielt werden. Dies wird bei der Vermarktung von Produkten und Dienstleistungen nicht selten für Marketingzwecke genutzt. Diesbezüglich muss die Qualität sowohl gemessen und belegt als auch bekannt gemacht werden. Bezogen auf die Bewältigung des Wandels wird beschrieben, dass evtl. notwendige Umstrukturierungsmaßnahmen sozial verträglich ausgestaltet und somit die Interessen aller Beteiligten berücksichtigt werden sollen. Durch Zusammenarbeit der Unternehmen mit Behörden und Arbeitnehmervertretern kann dies erfolgreich umgesetzt werden. Dabei sollen vor allem Arbeitnehmerrechte geschützt, Umschulungsmaßnahmen angeboten und bessere Arbeitstechnologien eingesetzt werden, um so zum Schutz der Arbeitsplätze beizutragen (vgl. Europäische Kommission 2001, S. 9 ff.).

Externe Dimension: Hier werden die Themen „lokale Gemeinschaften", „Geschäftspartner, Zulieferer und Verbraucher" sowie „Menschenrechte" behandelt. Lokale Gemeinschaften betrifft die Integration eines Unternehmens in dessen lokales Umfeld. Hier besteht eine gegenseitige Abhängigkeit, die durch Unternehmen stark beeinflusst werden kann. Durch ein intaktes soziales Umfeld können sich die Wettbewerbsfähigkeit und das Image der Unternehmen verbessern. Im Unterkapitel „Geschäftspartner, Zulieferer und Verbraucher" wird deutlich gemacht, dass vor allem Großunternehmen die sozialen Praktiken in ihrer Lieferkette positiv beeinflussen können. Auch sie selbst können dabei durch eine enge Zusammenarbeit profitieren. Beispielsweise können Schwierigkeiten und Kosten reduziert und die Qualität erhöht werden. Die soziale Verantwortung von Großunternehmen kann zum Beispiel dadurch gezeigt werden, dass sie die Ansiedlung weiterer oder neugegründeter Unternehmen in der Region unterstützen. Auch sollte für den Kunden ersichtlich sein, dass die Produkte und Dienstleistungen in einem sozialgerechtem Umfeld entstanden sind. In Bezug auf das Thema Menschenrechte, wird in dem Kapitel auf die entsprechenden Inhalte der Dreigliedrigen Grundsatzerklärung der ILO (s. Kapitel 1.1.2) und auf die Inhalte der Richtlinien der OECD (s. Kapitel 1.1.1) verwiesen. Die Unternehmen sollten für alle beteiligten Partner in der Lieferkette Verhaltenskodizes aufstellen, die die Mindeststandards erhöhen, welche durch gesetzliche Vorschriften gewährleistet werden. Diese freiwilligen Verhaltenskodizes dienen der Verbesserung von Unternehmensimages und der Arbeitsnormen. Des Weiteren müssen sie entsprechend eingeführt und regelmäßig überwacht werden (vgl. Europäische Kommission 2001, S. 13 ff.).

Die Ergebnisse und Entwicklungen zur Nachhaltigkeit sollen in geeigneten CSR-Berichten veröffentlicht werden. Inhaltlich soll in diesen Sozialberichten vor allem über die Bereiche Beschäftigung und Arbeitsbedingungen ausführlich berichtet werden. In diesem Kontext wird ausdrücklich auf die beiden Standards Global Reporting Initiative (GRI, s. Kapitel 1.2.1) und Social Accountability 8000 (SA8000, s. Kapitel 1.2.2) verwiesen. Diese bilden die umfangreichsten Standards im Bereich der CSR-Berichterstattung, wobei der SA800 für Arbeitsbedingungen und die GRI primär für Umweltaspekte jeweils den Best Practice darstellen. Um kritischen Stimmen entgegenzuwirken, dass die Berichte nur zu Marketingzwecken genutzt werden, ist es weiterhin notwendig, die Inhalte durch unabhängige Dritte überprüfen zu lassen (vgl. Europäische Kommission 2001, S. 18 ff.).

Im Grünbuch wird zwar nicht erläutert wie die Unternehmen die Maßnahmen genau umsetzen sollen, dafür werden aber Aspekte im Kontext beschrieben, die den Unternehmen als Leitfaden für die Ausgestaltung sozialer Themen dienen können. Weiterhin wird dargestellt, wie sie durch erfolgreiches Umsetzen von Maßnahmen profitieren können. Insofern werden mit diesem Konzept also keine eigenen bzw. neuen Grundsätze dargelegt, sondern die Europäische Kommission versucht hierdurch das Thema CSR bei den europäischen Unternehmen weiter in den Fokus zu rücken. Zusätzlich verweist sie auf die Einhaltung von bestehenden und international anerkannten Initiativen, die sich mit dem Thema der sozialen Nachhaltigkeit befassen.

STANDARDS ZUR BERICHTERSTATTUNG UND ZUR ZERTIFIZIERUNG

Global Reporting Initiative (GRI)

Die GRI ist eine Nichtregierungsorganisation (NRO) und wurde 1997 als eine Initiative zur Nachhaltigkeitsberichterstattung gegründet. Hierbei arbeiten neben NROs und Vertretern aus der Wirtschaft auch Organisationen aus den Bereichen Wirtschaftsprüfung und Auditing zusammen. Als Grundlage dienen die drei Säulen der Nachhaltigkeit, weshalb die Unternehmen in ihren Geschäftsberichten zusätzlich zu ihrer ökonomischen Leistung freiwillig auch über ihre Aktivitäten hinsichtlich der ökologischen und der sozialen Dimension berichten sollen (vgl. Curbach 2009, S. 97 f.).

Die GRI stellt eine Ergänzung zu bereits bestehenden ökologischen und sozialen Standards dar und gibt daher lediglich einen Rahmen für die Berichterstattung, aber keine inhaltlichen Empfehlungen im

Zusammenhang mit CSR. Der erste Entwurf des Leit-
fadens wurde im Jahr 2000 herausgegeben und in den
Jahren 2002 und 2006 aktualisiert (vgl. Vitols 2011,
S. 50 f.). Im März 2011 schließlich, wurde die zuletzt
überarbeitete Version G3.1 veröffentlicht. Der GRI-Ber-
ichtsrahmen gliedert sich in zwei Teile. Der erste
Teil gibt eine Anleitung wie berichtet werden soll,
während der zweite Teil aufzeigt, worüber berichtet
werden soll (vgl. Global Reporting Initiative 2012a).
Neben Strategie und Profil des Unternehmens, ökonomischen und ökologischen Themenpunkten, werden
auch soziale Punkte aufgeführt. Diese gliedern sich
in die Themen Arbeitspraktiken, Menschenrechte, Gesellschaft sowie Produktverantwortung. Hierzu sollen
jeweils verschiedene Kennzahlen ermittelt und in den
Nachhaltigkeitsberichten der Unternehmen veröffentlicht werden. Dabei werden sowohl allgemeine als auch
branchenspezifische Punkte berücksichtigt. (vgl. Global Reporting Initiative 2011, S. 1 ff.).

In Tabelle 3 und Tabelle 4 sind die einzelnen Leistungsindikatoren zu den jeweiligen Themen zugeordnet. Die Aspekte der Arbeitspraktiken basieren auf
international anerkannte allgemeingültige Standards.
Insbesondere wird auf die dreigliedrige Grundsatzerklärung über multinationale Unternehmen und Sozialpolitik der ILO (s. Kapitel 1.1.2) und auf die OECD-Leitsätze für multinationale Unternehmen (s. Kapitel 1.1.1)
verwiesen. Hinsichtlich der Menschenrechte sollen
grundsätzlich alle geachtet werden. Hier wird vor
allem die „Allgemeine Erklärung der Menschenrechte"

erwähnt.

Arbeitspraktiken	Menschenrechte
- Beschäftigung - Arbeitsschutz - Arbeitnehmer-Arbeitgeber- Verhältnis - Aus- und Weiterbildung - Vielfalt und Chancengleichheit - gleiche Entlohnung für Männer und Frauen	- Investitions- und Beschäftigungspraktiken - Gleichbehandlung - Vereinigungsfreiheit und Recht auf Kollektivverhandlungen - Abschaffung von Kinderarbeit - Abschaffung von Zwangs- und Pflichtarbeit - Beschwerdeverfahren - Sicherheitspraktiken - Rechte der Ureinwohner

Tabelle 3: Anzugebende Leistungsindikatoren zu den Themen Arbeitspraktiken und Menschenrechte (Quelle: eigene Darstellung, vgl. Global Reporting Inititive 2011, S. 30 ff.)

Gesellschaft	Produktverantwortung
- Gemeinwesen - Korruption - Politik - Wettbewerbswidriges Verhalten - Einhaltung von Gesetze	- Kundengesundheit und -sicherheit - Kennzeichnung von Produkten und Dienstleistungen - Werbung - Schutz der Kundendaten - Einhaltung von Gesetzesvorschriften

Tabelle 4: Anzugebende Leistungsindikatoren zu den Themen Gesellschaft und Produktverantwortung (Quelle: eigene Darstellung, vgl. Global Reporting Initiative 2011, S. 36 ff.)

Neben den Kennzahlen sollen die Unternehmen zu den einzelnen Punkten unter anderem auch darüber berichten, welche Ziele und Erfolge sie haben, wie die Unternehmenspolitik aussieht, wer organisatorisch verantwortlich ist, Verfahren bezüglich Schulungen und Sensibilisierung sowie Verfahren zur Überwachung und für Korrektur- und Vorbeugemaßnahmen (vgl. Global Reporting Initiative 2011, S. 29 ff.).

Da GRI in enger Zusammenarbeit mit den Organisationen OECD und ISO, dem UNGC sowie dem Umweltprogramm der Vereinten Nationen (UNEP) steht (vgl. Global Reporting Initiative 2012b), sollten sich Unternehmen bzgl. der inhaltlichen Ausgestaltung und Umsetzung von Nachhaltigkeitsthemen an die entsprechenden Dokumente halten.

Sozialstandard SA8000

Der Sozialstandard SA8000 wurde von der Organisation Social Accountability International (SAI) im Jahr 1997 erstmals veröffentlicht (vgl. Social Accountability International 2012). Die aktuellste Version stammt aus dem Jahr 2008. An der Entwicklung des Standards waren „Unternehmen, Regierungen, Gewerkschaften, Nichtregierungsorganisationen (NGOs), Investoren und Verbraucher" beteiligt (vgl. Vitols 2011, S. 56). Er basiert auf anerkannten internationalen Menschenrechten sowie auf nationalen und internationalen Arbeitsgesetzen und wird zu Zertifizierungszwecken genutzt. Unternehmen, die von einem unabhängigen Dritten erfolgreich zertifiziert wurden, wird nachgewiesen, dass ihre Produktionsbedingungen einem sozial verantwortungsbewussten und ethisch korrekten Verhalten unterliegen (vgl. Social Accountability International 2008, S. 2). In Deutschland wird die Zertifizierung der Unternehmen oder deren Betriebseinheiten vom TÜV Rheinland durchgeführt (vgl. Vitols 2011, S. 56 f.). Zur Sicherstellung und weiteren Verbesserung der Arbeitsbedingungen wird der Zertifizierungsprozess alle drei Jahre wiederholt (TÜV Rheinland 2012). Verstoßen Unternehmen gegen die Zertifizierungsbedingungen, so gibt es ein Beschwerdemanagement, bei dem sich beispielsweise Mitarbeiter an entsprechenden Personen wenden können und ihr Anliegen bekanntgeben (vgl. Social Accountability International 2008, S. 8).

Aufgeteilt ist der Sozialstandard in die vier Kapitel Zweck und Anwendungsbereich, Normative Elemente und ihre Interpretation, Definitionen sowie Anforderungen sozialer Verantwortung (vgl. Social Accountability International 2008, S. 3). Im letztgenannten Kapitel werden die Kriterien und Inhalte des Sozialstandards aufgeführt. Nachstehend werden die neun Punkte und ihr Inhalt kurz aufgezeigt:

- Kinderarbeit: In der Regel bis zum 15. Lebensjahr verboten, teilweise auch darüber. Unternehmen sollen Geldmittel für die Bildung derjenigen Kinder bereitstellen, die ihre Arbeit aufgrund dieser Regelung verlieren.
- Zwangsarbeit: Es dürfen keine Löhne, Pässe oder Arbeitsgenehmigungen zurückgehalten werden, um Arbeitnehmer zur Arbeit zu zwingen.
- Gesundheit und Sicherheit: Es müssen Mindeststandards für ein sicheres und gesundes Arbeitsumfeld eingehalten werden, um menschenwürdige Arbeitsbedingungen zu ermöglichen.
- Vereinigungsfreiheit und Recht auf Tarifverhandlungen: Es dürfen Gewerkschaften gegründet werden und Mitarbeiter dürfen ihnen beitreten, ohne bestraft zu werden.
- Diskriminierung: Jegliche Art der Diskriminierung von Mitarbeitern ist untersagt.
- Disziplinarmaßnahmen: Körperliche und geistige Bestrafungen sind nicht erlaubt.
- Arbeitszeiten: Regelarbeitszeiten maximal 48 Stunden, in besonderen Fällen bis zu 60 Stunden pro

Woche.

– Vergütung: Die Entlohnung darf nicht unter dem Branchenstandard liegen und muss mindestens die Grundbedürfnisse decken. Überstunden sollen zu besseren Konditionen ausbezahlt werden.

– Managementsysteme: Die Sozialpolitik soll jedem zugänglich gemacht und die Einhaltung der Standards soll überprüft werden, auch bei Zulieferern. Weiterhin sollen die Ergebnisse dokumentiert und kommuniziert werden und ggf. bei Abweichungen korrigierende Maßnahmen ergriffen werden (Social Accountability International 2008, S. 5 ff.).

Der SA8000 ist ein bedeutender Standard, der sich rein auf den sozialen Bereich der Nachhaltigkeit konzentriert und auf eine Verbesserung der Arbeitsbedingungen abzielt. Durch seine Kompaktheit kann ein schneller Überblick über die wichtigsten Themen in diesem Bereich gefunden werden. Die Zusammenarbeit mit den verschiedenen Anspruchsgruppen und die Berücksichtigung von wesentlichen Menschen- und Arbeitsrechten ergeben eine sinnvolle Zertifizierungsnorm, wobei das Beschwerdemanagement eine bedeutende Rolle spielt. Die Unternehmen können durch das Zertifikat ihren internen und externen Interessensgruppen ein sozial verantwortungsbewusstes Verhalten nachweisen.

RANKINGS

Dow Jones Sustainability Index (DJSI)

Der DJSI stellt seit 1999 eine Indexfamilie dar, der international die besten Unternehmen aus verschiedenen Branchen im Bereich der Nachhaltigkeit bewertet. Er besteht aus mehreren räumlich abgegrenzten Indizes (vgl. DJSI 2011a, S. 5). Konkret sind dies DJSI World, DJSI Europe, DJSI Asia Pacific, DJSI North America und DJSI Korea. Von den im Jahr 2011 zur Teilnahme eingeladenen Unternehmen, konnten 1443 Unternehmen bewertet werden, was einer Quote von über fünfzig Prozent entspricht (vgl. DJSI 2011b, S. 1 ff.). Der globale DJSI World beispielsweise beinhaltet die besten zehn Prozent, in Bezug auf ihre Nachhaltigkeitsleistung, der 2500 größten im Dow Jones Total Stock Market Index (DJTSM) notierten Unternehmen (vgl. DJSI 2011a, S. 7). Dies zeigt, dass nur Großunternehmen und keine kleinen und mittelständigen Unternehmen bei der Bewertung der Nachhaltigkeit berücksichtigt werden. Aus den fünf oben genannten Indizes können jeweils weitere Unterindizes abgeleitet werden. Dies geschieht dadurch, indem bestimmte Industriezweige, wie beispielsweise die Alkohol-, Waffen- oder Zigarettenindustrie, dort nicht berücksichtigt werden (vgl.

DJSI 2011a, S. 7).

Bewertet werden die Unternehmen von der schweizerischen SAM Indexes GmbH nach dem Best in Class Prinzip. Hierbei werden jährlich jeweils die branchenbesten Unternehmen ermittelt und ihre Nachhaltigkeitsleistung anhand von langfristigen ökonomischen, ökologischen und sozialen Kriterien gemessen (vgl. DJSI 2012a, S. 2). Dabei werden neben allgemeingültigen Kriterien für jede Branche auch branchenspezifische Kriterien aufgrund von Trends und Triebkräften der drei Nachhaltigkeitsdimensionen identifiziert. Die Basis hierzu stellen sowohl bekannte Standards und Best Practices dar, als auch Audit-Verfahren und wichtige Informationen von Beratern.

Tabelle 5 zeigt die branchenübergreifenden Kriterien der sozialen Dimension von CSR und die dazugehörigen Unterpunkte. Außerdem wurden hier beispielhaft einige branchenspezifische Punkte aufgezeigt. Diese müssen grundsätzlich nach Bedarf und entsprechend der Branche einzeln betrachtet werden (vgl. DJSI 2011a, S. 8 ff.). In den vorhandenen Dokumenten wurden hierzu keine näheren Angaben gemacht.

Kriterien	Unterkritrien
Entwicklung des Humankapitals	- Entwicklungsprozess und Fähigkeiten von Arbeitnehmern abbilden - Leistungsindikatoren für Humankapital - Personelles und organisatorisches Lernen und Entwickeln
Gewinnung und Bindung von Talenten	- Erfassung der Arbeitnehmer durch vordefinierte Prozesse zur Leistungsbeurteilung - Anteil der erfolgsabhängigen Vergütung jeder Mitarbeiterkategorie - Gleichgewicht der variablen Vergütung auf Basis der Unternehmens- und der individuellen Leistung - Unternehmensindikatoren für erfolgsabhängige Vergütung - Art der individuellen Leistungsbeurteilung - Kommunikation der individuellen Leistung zum oberen Management - Auszahlungsart der gesamten leistungsabhängigen Vergütung - Entwicklung der Mitarbeiterzufriedenheit
Arbeitsbedingungen	- Beschwerdemanagement - Leistungsindikatoren für Arbeitnehmer
Unternehmerische Verantwortung und Menschenfreund-lichkeit	- Konzernweite Strategie (finanzieller Fokus) - Input - Vorteile messen - Art der gemeinnützigen Projekte
soziale Berichterstattung	- Sicherheit - Reichweite - Qualitative Daten - Quantitative Daten
Branchenspezifisch	- Soziale Integration - Arbeits- und Gesundheitsschutz - Gesunde Lebensweise - Bioethik - Standard für Lieferanten

Tabelle 5: Soziale Kriterien der unternehmerischen Nachhaltigkeitsbewertung (Quelle: eigene Darstellung, in Anlehnung an DJSI 2011a, S. 11 f.)

Während die allgemeinen Kriterien einen Anteil von 43 Prozent besitzen, sind es bei den branchenspezifischen Kriterien 57 Prozent. Der Anteil der ökonomischen, der ökologischen und der sozialen Dimension beträgt dabei einheitlich jeweils ein Drittel (vgl. DJSI 2012b).

Es werden vier Informationsquellen aufgeführt, die Einfluss auf die Bewertung der sozialen Leistung haben. Die wichtigste ist hier die Unternehmensbefragung. Weitere Quellen sind Unternehmensberichte zu den verschiedenen Themengebieten, die Medien- und Stakeholder-Analyse sowie der direkte Kontakt zu den Unternehmen. Die Gesamtbewertung der Nachhaltigkeit eines Unternehmens ergibt sich aus der Summe der Multiplikation des Antwortwertes mit der Gewichtung der Frage und der Gewichtung des Kriteriums. Anhand dieser Leistungsbewertung kann eine Rangliste der Unternehmen erstellt werden und ein definierter Anteil der Besten jeder Branchen wird dann in die entsprechenden Indizes aufgenommen (vgl. DJSI 2011a, S. 12 f). Ende Februar betrug der Anteil der deutschen Unternehmen im DJSI World an vierter Stelle liegend 7,64 Prozent. Größter Vertreter waren die USA mit 28,7 Prozent (vgl. DJSI 2012c, S. 2).

IW/future-Ranking der Nachhaltigkeitsberichte

Das IÖW/future-Ranking wird seit 1994 in einem Gemeinschaftsprojekt vom Institut für ökologische Wirtschaftsforschung aus Berlin und der Unternehmerinitiative future e. V. – verantwortung unternehmen aus Münster durchgeführt. Dabei werden die Berichterstattungen deutscher Unternehmen hinsichtlich sozialer, ökologischer, management- und kommunikationsbezogener Kriterien bewertet und verglichen. In zwei mit etwas unterschiedlichen Kriterien beinhaltenden Rankings wurden im Jahr 2011 auf der einen Seite, zum mittlerweile achten Mal, die Nachhaltigkeitsberichte von Großunternehmen und auf der anderen Seite, zum zweiten Mal seit 2009, die Berichte von kleinen und mittelständischen Unternehmen (KMU) bewertet. Ziel ist es, die gesellschaftlich relevanten Auswirkungen des unternehmerischen Handelns transparenter und offener zu gestalten. Durch den entstehenden Wettbewerb und die daraus resultierenden Weiterentwicklungen der Berichterstattungen wird eine Leistungssteigerung der tatsächlichen Nachhaltigkeit der Unternehmen angestrebt (vgl. IÖW/future 2012, S. 2 f.).

Grundlage für die Bewertung der unternehmerischen Nachhaltigkeitsberichte sind die eigens entwickelten Kriterien-Sets. Aufgrund von ständigen Veränderungen wurden und werden diese Kriterien in

Zusammenarbeit mit Unternehmen und unterschiedlichen Anspruchsgruppen stets weiterentwickelt. Um
den Eigenschaften der KMUs gerecht zu werden, wurden aus den für Großunternehmen gültigen Kriterien eigene Kriterien abgeleitet. Insgesamt umfassen
die beiden Kriterien-Sets jeweils zwölf Hauptkriter-
ien. Diese teilen sich bei den KMUs in 26 und
bei den Großunternehmen in 47 Einzelkriterien auf.
Somit werden an die KMUs geringere Anforderungen
gestellt. Da den einzelnen Kriterien eine unterschiedli-
che Bedeutung beikommt, wurden sie jeweils mit einer
unterschiedlichen Gewichtung belegt. Weiterhin werden die allgemeinen Kriterien der Großunternehmen
zusätzlich noch um branchenspezifische ergänzt (vgl.
IÖW/future 2012, S. 6 ff.). Aufgrund des größeren Um-
fangs an Kriterien und der größeren Relevanz wird im
Folgenden das Ranking der Großunternehmen näher
betrachtet.

Die Berichte der 100 größten Industrieunternehmen
und Dienstleister, der jeweils fünfzehn größten Banken
und Versicherungen sowie der 20 größten Handelsun-
ternehmen fanden bei der Bewertung für das Jahr 2010
Berücksichtigung. Als Basis hierfür dienten die Top
500 Unternehmen nach Ermittlung der Frankfurter
Allgemeinen Zeitung (FAZ) (vgl. IÖW/future 2011, S.
5). Für die Einzelkriterien können jeweils maximal
fünf Punkte erreicht werden, sodass durch die Multiplikation mit der Gewichtung die Maximalpunktzahl 700
beträgt. Werden bei den Einzelbewertungen nicht alle
oder keine der Anforderungen erfüllt, so kann es zur

Abstufung auf drei, einen oder keinen Punkt für das entsprechende Kriterium kommen (vgl. IÖW/future 2011, S. 9 f.). Tabelle 6 zeigt bezüglich der sozialen Nachhaltigkeitsdimension die relevanten Hauptthemen mit den jeweiligen Einzelkriterien, die in den Berichten der Unternehmen behandelt werden sollen.

Hauptkriterien	Einzelkriterien
Interessen der MitarbeiterInnen	- Arbeitszeitregelungen - Aus- und Weiterbildungen - Arbeitnehmerrechte und Beschäftigung - Vielfalt und Chancengleichheit - Gleichstellung von Frauen und Männer - Arbeitssicherheit und Gesundheitsschutz - Arbeitszufriedenheit und Mitarbeiterbindung
Produktverantwortung	- Soziale und ökologische Aspekte der Produktverantwortung - Verbraucherorientierung und Kundeninformation
Verantwortung in der Lieferkette	- Soziale Verantwortung in der Lieferkette
Gesellschaftliches Umfeld	- Regionale Verantwortung als Investor, Arbeitgeber, Auftraggeber und Lieferant - Beitrag zur Politik und zum Ordnungsrahmen - Corporate Citizenship-Konzepte

Tabelle 6: Haupt- und Einzelkriterien der sozialen Dimension (Quelle: eigene Darstellung, vgl. IÖW/future 2011, S. 11)

Die Bewertung der Kriterien wird in 2 Blöcke eingeteilt. Dabei fallen in Bereich A (wie oben für den sozialen Bereich aufgelistet) die Aspekte für die materiellen Anforderungen an die Berichterstattung und in Bereich B (hier nicht näher erwähnt) die Aspekte für die allgemeine Berichtsqualität (vgl. IÖW/future 2011, S. 11 ff.). Tabelle 7 zeigt die Aufteilung der Kriterien für Großunternehmen, unter Angabe der Anzahl der Unterkriterien und der Gewichtungen.

Ranking-Kriterien (Großuntern.) und ihre Gewichtung:	Anzahl Unterkriterien	Gewichtung	max. Punkte
A Materielle Anforderungen an die Berichterstattung			
A.1 Unternehmensprofil	3	5	25
A.2 Vision, Strategie und Management	4	20	100
A.3 Ziele und Programm	2	20	100
A.4 Interessen der MitarbeiterInnen	8	15	75
A.5 Ökologische Aspekte der Produktion	8	15	75
A.6 Produktverantwortung	3	20	100
A.7 Verantwortung in der Lieferkette	2	15	75
A.8 Gesellschaftliches Umfeld	4	10	50
B Allgemeine Berichtsqualität			
B.1 Glaubwürdigkeit	3	5	25
B.2 Wesentlichkeit	1	5	25
B.3 Vergleichbarkeit	3	5	25
B.4 Kommunikative Qualität	6	5	25

Tabelle 7: Kriterien-Set im IÖW/future-Ranking der Nachhaltigkeitsberichte der Großunternehmen (Quelle: IÖW/future 2012, S, 8)

Die branchenspezifischen Kriterien dienen als tiefergehende Ergänzung der allgemeinen Kriterien und haben keine eigenen zu bewertenden Einzelkriterien. Im jeweiligen Fall sollen die Unternehmen in ihren Berichten näher auf die für die entsprechende Branche relevanten Herausforderungen hinsichtlich der weiter zu konkretisierenden Einzelkriterien eingehen. Exemplarisch sollen die jeweiligen sozialen und ökologischen Besonderheiten der Branche angegeben werden (vgl. IÖW/future 2011, S. 42). Die Ergebnisse des letztjährigen Rankingverfahrens (2011) ergaben, dass die BMW Group mit ihrem Sustainable Value Report 2010 den besten Nachhaltigkeitsbericht vorlegte. Dabei erzielten sie insgesamt 528 Punkte. Auf Platz zwei und drei folgen die Siemens AG mit 519 Punkten und die BASF-Gruppe mit 494 Punkten (vgl. IÖW/future 2012, S. 26).

Rangliste sozialer Elemente

Es folgt eine Übersicht, welche sozialen Themen von der Vielzahl an bestehenden Initiativen und Hilfs- mitteln zur Nachhaltigkeit am häufigsten angespro- chen werden. Sie basiert auf einer Auflistung der ISO 26000 SR (vgl. DIN ISO 26000:2011, S. 122 ff.) und beinhaltet diejenigen Kernthemen, die mindestens einen Aspekt bzw. ein Handlungsfeld hinsichtlich der sozialen Nachhaltigkeit enthalten. Welche Handlungs- felder dies genau sind, kann in Tabelle 1 (Kapitel 1.1.4) nachgelesen werden. Es wurde hier auf eine gen- aue Aufgliederung der einzelnen Elemente verzichtet, da vorrangig die Überthemen für eine grobe Über- sicht von Interesse sind. Hierdurch entsteht nun ein kompakter Überblick, welche der fünf sozialen Kern- themen auf der einen Seite am häufigsten behandelt wurden bzw. auf der anderen Seite bisher die wenigste Berücksichtigung fanden.

Welche Initiativen sich genau hinter der jeweiligen Summierung verbergen, kann in Tabelle 9 bis Tab- elle 13 nachgelesen werden. Insgesamt wurden 75 branchenübergreifende und branchenspezifische Ini- tiativen betrachtet, also weitaus mehr, als in dieser Arbeit berücksichtigt werden konnten. Die Übersicht soll dazu dienen, bei Interesse noch weitere Ausarbei- tungen und Meinungen zu den einzelnen Themen nachlesen zu können und sie zeigt, welche Vielzahl an Initiativen sich mit den Themen der sozialen Nachhaltigkeit beschäftigen.

Wie Abbildung 3 zeigt, beschäftigen sich die zahlreichen Initiativen vor allem mit den Themen Arbeitspraktiken (52 Initiativen) und Menschenrechte (50). Am wenigsten Beachtung findet das Themengebiet der Verantwortung gegenüber dem Konsumenten (34). Dies zeigt, dass der Schwerpunkt hauptsächlich auf der allgemeinen Verantwortung gegenüber dem Menschen sowie auf der Verantwortung gegenüber den Mitarbeitern liegt. Hingegen steht die Verantwortung gegenüber der Gesellschaft, die Verantwortung in der Wertschöpfungskette und im Wettbewerb an sich im Hintergrund. Ebenso ist es mit der Verantwortung gegenüber den Konsumenten und Verbrauchern. Die einzelnen Initiativen lassen sich dabei in branchenspezifische und branchenübergreifende Initiativen einteilen. Die branchenübergreifenden Initiativen machen insgesamt den größten Anteil aus (40). Sie unterteilen sich in die drei Gruppen zwischenstaatliche Initiativen (7), Multi-Stakeholder-Initiativen (23) und Initiativen einzelner Anspruchsgruppen (10). Hier haben vor allem die Multi-Stakeholder-Initiativen eine große Bedeutung. Die branchenspezifischen haben insgesamt zwar einen etwas kleineren Anteil an Initiativen (35), sollten aber dennoch zur weiteren Konkretisierung industriespezifischer Besonderheiten nicht vernachlässigt werden. Sie verteilen sich auf insgesamt 15 Branchen, wobei der Landwirtschaft (8) die meisten Initiativen zugeordnet werden können.

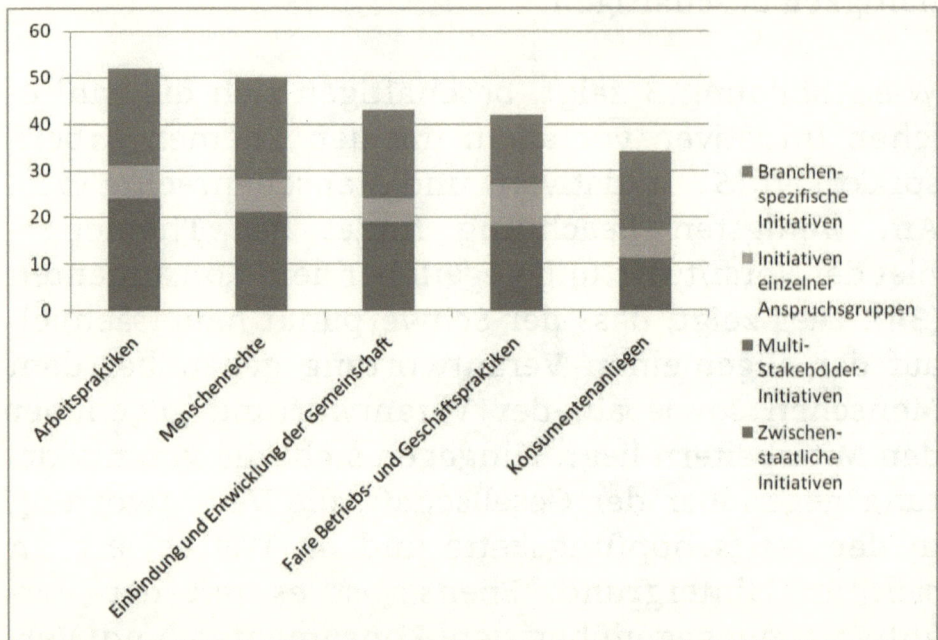

Abbildung 3: Zusammensetzung der Rangliste sozialer Elemente (Quelle: eigene Darstellung, auf Basis der ISO 26000:2011)

FAZIT

*Empfehlungen fr den Einstieg in das
Thema soziale Nachhaltigkeit*

Um einen ersten Einblick in die soziale Dimension der Nachhaltigkeit zu erlangen, ohne sich von den Mengen an verschiedenen Informationen überfordert zu fühlen, ist es für Unternehmen sinnvoll, sich zum Einstieg mit dem Sozialstandard SA 8000 zu beschäftigen. Dieser zeigt auf wenigen Seiten, was für Unternehmen wichtig ist und kann für eine spätere Zertifizierung als Anhaltspunkt genutzt werden. Eine Zertifizierung nach diesem rein sozialen Standard ist sinnvoll, um internen und externen Interessensgruppen schnell erkenntlich zu machen, dass man nach sozialen Prinzipien handelt.

Für umfassendere und tiefere Kenntnisse in dieses Thema eignet sich die ISO 26000 SR. Im Gegensatz zum SA8000 und zur dreigliedrigen Grundsatzerklärung der ILO beschränkt sich diese Norm, wie alle anderen in Kapitel 3 behandelten Initiativen, nicht nur auf die soziale Sichtweise der Nachhaltigkeit, sondern betrachtet auch die ökologische. Neben den Kernthemen und Handlungsfelder der Nachhaltigkeit

werden zusätzlich noch beispielhafte Maßnahmen aufgezeigt und erläutert, wie diese in die Organisation
integriert werden können. Weiterhin wird das Thema
gesellschaftliche Verantwortung nähergehend betrachtet und dessen Bedeutung dargestellt. Zusätzlich
werden weitere Initiativen und Hilfsmittel aufgeführt,
die sich mit den unterschiedlichen Kernthemen befassen. Nachteilig an dieser Norm ist allerdings, dass
sie nur gegen eine Gebühr von knapp 125 Euro beim
Beuth-Verlag zu erhalten ist (vgl. Beuth 2012). Möchte
man diese Summe nicht investieren, sollten sich die
Unternehmen mit den OECD-Leitsätzen sowie der ILO
Grundsatzerklärung für genauere Details auseinander
setzen. Diese sind kostenlos verfügbar und bilden meist
die Grundlage für andere Initiativen, unter anderem
auch der ISO-Norm.

Zur detailierten Ausgestaltung der sozialen Themen
und deren Integration in das Unternehmen ist es
im weiteren Verlauf wichtig, sich mit branchenspezifischen Initiativen zu beschäftigen. Da jede Branche
mit unterschiedlichen Herausforderungen und Problemen zu kämpfen hat, ist es erforderlich, diese zu
berücksichtigen. Weiterhin ist hierbei die Zusammenarbeit mit regionalen Anspruchsgruppen, wie beispielsweise Gewerkschaften und Regierungen, von Bedeutung. Dies dient der Verbesserung der Arbeitsbedingungen und damit einhergehend der Arbeits-
motivation der Mitarbeiter. Darüber hinaus kann das
Aufstellen eines Verhaltenskodex für Geschäftspartner
deren soziales Verhalten fördern.

Im Sinne von "Tue Gutes und berichte darüber" ist es außerdem notwendig, in Nachhaltigkeitsberichten über die Aktivitäten des Unternehmens Aufschluss zu geben. Dies kann zur Verbreitung von nachhaltigen Tätigkeiten in anderen Unternehmen beitragen. Des Weiteren bleiben die Interessensgruppen durch öffentlich zugängliche Berichte stets informiert. Was dabei berücksichtigt werden muss und worüber berichtet werden soll bzw. welche Kennzahlen dazu ermittelt werden sollen, wird sowohl durch die GRI als auch durch verschiedene Nachhaltigkeitsrankings beschrieben.

Abbildung 4 gibt einen grafischen Überblick über die oben beschriebene Vorgehensweise. Es ist erkenntlich, was in den jeweiligen Phasen am besten zur Informationsgewinnung herangezogen werden sollte. Außerdem zeigt das Schaubild, dass das Wissen und die Kenntnisse über die soziale Nachhaltigkeit im Verlauf vom Einstieg über die Vertiefung sowie die Ausgestaltung der Themen bis hin zu den Nachhaltigkeitsberichten stetig ansteigen.

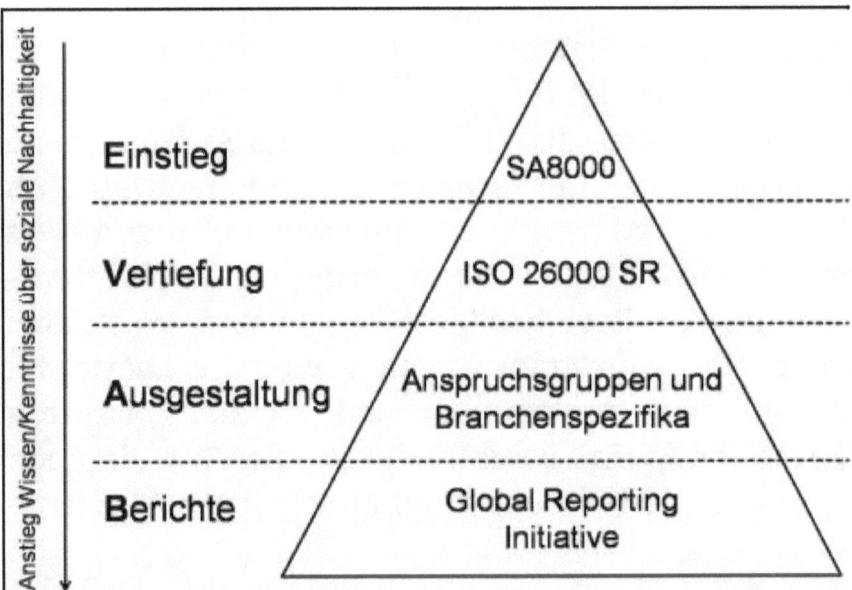

Abbildung 4: Vorgehen beim Einstieg in das Thema soziale Nachhaltigkeit (Quelle: eigene Darstellung)

Zusammenfassung

In dieser Arbeit wurde zunächst auf bedeutende Standards und Leitlinien von ausgewählten Organisationen eingegangen. Hierzu gehören die OECD-Leitsätze für multinationale Unternehmen, die dreigliedrige Grundsatzerklärung der ILO, der UN Global Compact sowie die ISO 26000 SR und das EU-Grünbuch. Neben den Zielen und allgemeinen Informationen konnten hier die jeweiligen sozialen Elemente herausgearbeitet werden. Der zweite Teil beschäftigt sich mit der Global Reporting Initiative (GRI) als eine Initiative zur Nachhaltigkeitsberichterstattung sowie dem Sozialstandard SA8000, der eine Zertifizierungsnorm für die soziale Verantwortung darstellt. Dieser beinhaltet neun Anforderungspunkte. Die GRI gibt zwar keine inhaltlichen Empfehlungen, stellt aber einen Rahmen für die Berichterstattung im Zusammenhang mit CSR dar. Die zur sozialen Dimension anzugebenden Kennzahlen wurden aufgeführt.

Anschließend wurden das internationale Ranking Dow Jones Sustainability World Index (DJSI World) und das deutsche Ranking IÖW/future-Ranking der Nachhaltigkeitsberichte betrachtet. Hierfür konnten jeweils die Grundlagen und die Kriterien für die Bewertung der sozialen Nachhaltigkeitsleistung herausgestellt werden. Abschließend konnte eine Rangliste über die am häufigsten behandelten Themen bezüglich der sozialen Dimension der Nachhaltigkeit erstellt werden. Diese basiert auf der Norm ISO 26000 SR und gibt jeweils die Anzahl der Initiativen an, die sich mit mindestens einem Teilbereich der fünf Hauptelemente beschäftigen. Im Konkreten sind dies die Oberthemen Arbeitspraktiken (52 Initiativen), Menschenrechte (50), Einbindung und Entwicklung der Gemeinschaft (43), faire Betriebs- und Geschäftspraktiken (42) sowie Konsumentenanliegen (34). Es wurde weiterhin herausgestellt, dass neben allgemeinen Kriterien auch branchenspezifische Kriterien und Initiativen durch die Unternehmen Beachtung finden sollten.

Als Empfehlung für die Unternehmen konnte aufgezeigt werden, wie diese beim Einstieg in das Thema der sozialen Nachhaltigkeit über die Integration bis hin zur Berichterstattung vorgehen sollten. Dazu gehörend wurden geeignete Informationsquellen empfohlen.

LITERATURVER-ZEICHNIS

Bücher:

[1]   Dubielzig, F. (2009). Sozio-Controlling im Unternehmen: Das Management erfolgsrelevanter sozial-gesellschaftlicher Themen in der Praxis. Wiesbaden: Gabler Verlag.

[2]   Curbach, J. (2009). Die Corporate-Social-Responsibility-Bewegung. Wiesbaden: VS Verlag für Sozialwissenschaften.

[3]   Europäische Kommission (2001). Grünbuch: Europäische Rahmenbedingungen für die soziale Verantwortung der Unternehmen. Luxemburg: Amt für amtliche Veröffentlichungen der Europäischen Gemeinschaften.

[4]   Vitols, K. (2011). Nachhaltigkeit – Unternehmensverantwortung – Mitbestimmung: Ein Literaturbericht zur Debatte über CSR. Berlin: edition sigma.

Internet:

[5]   Deutsches Global Compact Netzwerk (2012a). Abgerufen am 07.06.2012, von: http://www.globalcompact.de/themen/korruptionsbekämpfung/.

[6]   Deutsches Global Compact Netzwerk (2012b). Abgerufen am 07.06.2012, von: https://www.globalcompact.de/sites/default/files/jahr/publikation/gc_plakat12_02.pdf.

[7]   ICC Deutschland (2012). Abgerufen am 07.06.2012, von: http://www.icc-deutschland.de/global-compact.html.

[8]   United Nations Global Compact (2012). Abgerufen am 07.06.2012, von: http://www.unglobalcompact.org/docs/languages/german/de-factsheet-global-compact.pdf.

[9]   Lexikon der Nachhaltigkeit (2012). Abgerufen am 08.06.2012, von: http://www.nachhaltigkeit.info/artikel/stakeholder_anspruchsgruppen_1505.htm.

[10]   Global Reporting Initiative (2012a). G3.1 Guidelines. Abgerufen am 08.06.2012, von: https://www.globalreporting.org/reporting/latest-guidelines/g3-1-guidelines/Pages/default.aspx.

[11]   Global Reporting Initiative (2012b). Abgerufen am 08.06.2012, von: https://www.globalreporting.org/languages/german/Pages/default.aspx.

[12]   Social Accountability International (2012). Envisioning Change: How We Got Started. Abgerufen am 08.06.2012, von: http://www.sa-intl.org/index.cfm?fuseaction=Page.viewPage&pageId=938&grandparentID=472&parentID=490&nodeID=1.

[13]   Dow Jones Sustainability Indexes (2011a). Dow Jones Sustainability World Indexes Guidebook, vom 07.09.2011. Abgerufen am 08.06.2012, von: http://www.sustainability-indexes.com/djsi_pdf/publications/Guidebooks/DJSI_World_Guidebook_11%206_final.pdf.

[14]   Dow Jones Sustainability Indexes (2011b). DJSI Review 2011, vom 08.09.2011. Abgerufen am 08.06.2012, von: http://www.sustainability-indexes.com/djsi_pdf/news/PressReleases/SAM_Presentation_110908_Review11_-final.pdf.

[15]   Dow Jones Sustainability Indexes (2012a). DJSI Brochure 2012. Abgerufen am 08.06.2012, von: http://www.sustainability-indexes.com/djsi_pdf/publications/DJSI_Brochure_2012.pdf.

[16]   Dow Jones Sustainability Indexes (2012b). The SAM Corporate Sustainability Assessment (CSA). Abgerufen am 08.06.2012, von: http://www.sustainability-indexes.com/07_htmle/assessment/csa2.html#mediastakeholder.

[17]   Dow Jones Sustainability Indexes (2012c). Dow Jones Sustainability World Indexes Factsheet. Abgerufen am

08.06.2012, von: http://www.sustainability-indexes.com/djsi_pdf/publications/Factsheets/SAM_In-dexesMonthly_DJSIWorld.pdf.

[18]   Gabler Wirtschaftslexikon (2012). Definition: Best Practice. Abgerufen am 06.07.2012, von: http://wirtschaftslexikon.gabler.de/Definition/best-practice.html.

[19]   Bundeszentrale für politische Bildung (2012). Das Lexikon der Wirtschaft: multinationale Unternehmen. Abgerufen am 11.06.2012, von: http://www.bpb.de/nachschlagen/lexika/lexikon-der-wirtschaft/20146/multinationale-unternehmen.

[20]   TÜV Rheinland (2012). Zertifizierung gemäß SA8000. Abgerufen am 30.06.2012, von: http://www.tuv.com/de/deutschland/gk/managementsysteme/nachhaltigkeit_csr/sa8000_1/sa8000.jsp.

[21]   Beuth (2012). DIN ISO 26000:2011-01. Abgerufen am 06.07.2012, von: http://www.beuth.de/de/norm/din-iso-26000/134852356?SearchID=408420223

Sonstige Literatur:

[22]   Chahoud, T. (2005). Internationale Instrumente zur Förderung von Corporate Social Responsibility (CSR). In: Analysen und Stellungnahmen 2/2005. Bonn: Deutsches Institut für Entwicklungspolitik (DIE).

[23]   OECD (2011). OECD Leitsätze für Multinationale Unternehmen. OECD Publishing.
http://dx.doi.org/ 10.1787/9789264122352-de.

[24]   DGB (2011). Die neuen OECD-Guidelines für multinationale Unternehmen – Eine Bestandsaufnahme aus gewerkschaftlicher Sicht. In: Standpunkt Nr. 03/2011. 14.10.2011. Berlin.

[25]   Matecki, C. (2007). Globalisierung sozial gestalten – Internationale Arbeits- und Sozialstandards im Vergleich. Berlin. DGB Bildungswerk.

[26]   ILO (2006). TRIPARTITE DECLARATION OF PRINCIPLES

CONCERNING MULTINATIONAL ENTERPRISES AND SOCIAL POLICY (Fourth edition). International Labour Office Geneva.

[27]   IAA (2001). Dreigliedrige Grundsatzerklärung über multinationale Unternehmen und Sozialpolitik (Dritte Auflage). Internationales Arbeitsamt Genf.

[28]   DIN Deutsches Institut für Normung e.V. (2011). DIN ISO 26000:2011 Leitfaden zur gesellschaftlichen Verantwortung. Berlin.

[29]   Global Reporting Initiative (2011). Sustainability Reporting Guidelines. Version 3.1. Amsterdam.

[30]   Global Reporting Initiative (2006). Sustainability Reporting Guidelines. Deutsche Version 3.0. Amsterdam.

[31]   Social Accountability International (2008). Social Accountability 8000 (SA 8000). New York.

[32]   IÖW/future (Hrsg., 2012): IÖW/future-Ranking der Nachhaltigkeitsberichte deutscher Unternehmen 2011: Kurzfassung der Ergebnisse. Berlin, Münster. Autorin: Gebauer, J.

[33]   IÖW/future (Hrsg., 2011): Anforderungen an die Nachhaltigkeitsberichterstattung: Kriterien und Bewertungsmethode im IÖW/future-Ranking. Berlin, Münster (aktualisierte Fassung von 2009). AutorInnen: Gebauer, J. / Hoffmann, E. / Westermann, U.

ANHANG

Rang	Kernthema	Initiativen Gesamt	Zwischen-staatliche Initiativen	Multi-Stakeholder-Initiativen	Initiativen einzelner Anspruchsgruppen	Branchen-spezifische Initiativen
1	Arbeitspraktiken	52	5	19	7	21
2	Menschenrechte	50	3	18	7	22
3	Einbindung und Entwicklung der Gemeinschaft	43	4	15	5	19
4	Faire Betriebs- und Geschäftspraktiken	42	4	14	9	15
5	Konsumentenanliegen	34	1	10	6	17

Tabelle 8: Rangliste sozialer Kernthemen (Quelle: eigene Darstellung, auf Basis der ISO 26000

Kernthema	Bereich/Branche	Initiative
Menschenrechte	Zwischenstaatliche Initiativen	OECD, UNGC, UNIDO
	Multi-Stakeholder-Initiativen	AccountAbility, Amnesty International, BSCI, ZfW, CSR360, EFQM, ETI, EBEN, FLA, GRI, Dänisches Institut für Menschenrechte, ISEAL, International Framework Agreement, Rainforest Alliance, Project Sigma, Responsabilidad Social Empresarial, SAI, TNS
	Inititiven einzelner Anspruchsgruppen	Caux Round Table, CSR Europe Toolbox, Ethos Institute, The Global Sullivan Principles of Social Responsibility, IBLF, ICC, WBCSD
	Landwirtschaft	4C, FLO, International Cocoa Initiative, Rainforest Alliance, UTZ CERTIFIED, World Cocoa Foundation
	Bekleidungsindustrie	CCC, FWF
	Biotreibstoffe	Roundtable on Sustainable Biofuels
	Bauwesen	-
	Chemie	International Council of Chemical Associations
	Konsumgüter/Einzelhandel	BSCI
	Elektronik	Electronic Industry Citizenship Coalition, Zentralverband der Deutschen Elektro- und Elektronikindustrie
	Energie	IHA Sustainability Guidelines
	Rohstoffindustrie	IPIECA, ICMM, The Voluntary Principles on Security and Human Rights
	Finanz- und Investmentwesen	Guideline for ESG Reporting and Integration into Financial Analysis, Wolfsberg Group
	Fischereiwesen	-
	Forstwirtschaft	FSC, PEFC
	Informationstechnologien	-
	Transport	-
	Reisen und Tourismus	Coalition of tourism-related organizations

Tabelle 9: Initiativen zum Kernthema Menschenrechte (Quelle: eigene Darstellung, auf Basis der ISO 26000

Kernthema	Bereich/Branche	Initiative
Arbeitspraktiken	Zwischenstaatliche Initiativen	OECD, UNCTAD, UNEP, UNGC, UNIDO
	Multi-Stakeholder-Initiativen	AccountAbility, BSCI, ZfW, CSR360, EFQM, ETI, EBEN, FLA, FORÉTCIA, GRI, Dänisches Institut für Menschenrechte, ISEAL, JAMP, International Framework Agreement, Rainforest Alliance, Project Sigma, Responsabilidad Social Empresarial, SAI, TNS
	Inititiven einzelner Anspruchsgruppen	Caux Round Table, CSR Europe Toolbox, Ethos Institute, The Global Sullivan Principles of Social Responsibility, IBLF, ICC, WBCSD
	Landwirtschaft	BSI, 4C, FLO, GLOBAL G.A.P., International Cocoa Initiative, Rainforest Alliance, UTZ CERTIFIED, World Cocoa Foundation
	Bekleidungsindustrie	CCC, FWF
	Biotreibstoffe	Roundtable on Sustainable Biofuels
	Bauwesen	-
	Chemie	International Council of Chemical Associations
	Konsumgüter/Einzelhandel	BSCI
	Elektronik	Electronic Industry Citizenship Coalition, Zentralverband der Deutschen Elektro- und Elekronikindustrie
	Energie	-
	Rohstoffindustrie	IPIECA, ICMM, The Voluntary Principles on Security and Human Rights
	Finanz- und Investmentwesen	Guideline for ESG Reporting and Integration into Financial Analysis
	Fischereiwesen	-
	Forstwirtschaft	FSC, PEFC
	Informationstechnologien	-
	Transport	-
	Reisen und Tourismus	-

Tabelle 10: Initiativen zum Kernthema Arbeitspraktiken (Quelle: eigene Darstellung, auf Basis der ISO 26000

Kernthema	Bereich/Branche	Initiative
Faire Betriebs- und Geschäftspraktiken	Zwischenstaatliche Initiativen	OECD, UNCTAD, UNGC, UNIDO,
	Multi-Stakeholder-Initiativen	AccountAbility, BSCI, ZfW, CSR360, EFQM, EBEN, FORÉTCIA, GRI, Dänisches Institut für Menschenrechte, ISEAL, JAMP, SAI, TNS, TI
	Inititiven einzelner Anspruchsgruppen	Caux Round Table, Consumers International, CSR Europe Toolbox, Ethos Institute, The Global Sullivan Principles of Social Responsibility, LF, ICC, PACI, WBCSD
	Landwirtschaft	4C, FLO, Rainforest Alliance, UTZ CERTIFIED, World Cocoa Foundation
	Bekleidungsindustrie	CCC
	Biotreibstoffe	-
	Bauwesen	-
	Chemie	International Council of Chemical Associations
	Konsumgüter/Einzelhandel	-
	Elektronik	Electronic Industry Citizenship Coalition, Zentralverband der Deutschen Elektro- und Elekronikindustrie
	Energie	-
	Rohstoffindustrie	EITI, IPIECA, ICMM
	Finanz- und Investmentwesen	Guideline for ESG Reporting and Integration into Financial Analysis, Wolfsberg Group
	Fischereiwesen	Marine Stewardship Council
	Forstwirtschaft	-
	Informationstechnologien	-
	Transport	-
	Reisen und Tourismus	-

Tabelle 11: Initiativen zum Kernthema faire Betriebs- und Geschäftspraktiken (Quelle: eigene Darstellung, auf Basis der ISO 26000

Kernthema	Bereich/Branche	Initiative
Konsumentenanliegen	Zwischenstaatliche Initiativen	UNEP
	Multi-Stakeholder-Initiativen	AccountAbility, ZfW, CSR360, EFQM, EBEN, FORÉTCIA, GRI, ISEAL, JAMP, TNS
	Inititiven einzelner Anspruchsgruppen	Caux Round Table, Consumers International, CSR Europe Toolbox, Ethos Institute, ICC, WBCSD
	Landwirtschaft	4C, FLO, GLOBAL G.A.P., Rainforest Alliance, UTZ CERTIFIED, World Cocoa Foundation
	Bekleidungsindustrie	CCC, Fur Free Retailer Program
	Biotreibstoffe	Roundtable on Sustainable Biofuels
	Bauwesen	-
	Chemie	International Council of Chemical Associations
	Konsumgüter/Einzelhandel	-
	Elektronik	Electronic Industry Citizenship Coalition, Zentralverband der Deutschen Elektro- und Elekronikindustrie
	Energie	-
	Rohstoffindustrie	ICMM
	Finanz- und Investmentwesen	Guideline for ESG Reporting and Integration into Financial Analysis, Wolfsberg Group
	Fischereiwesen	Marine Stewardship Council
	Forstwirtschaft	-
	Informationstechnologien	-
	Transport	International Road Transportation Union
	Reisen und Tourismus	-

Tabelle 12: Initiativen zum Kernthema Konsumentenanliegen (Quelle: eigene Darstellung, auf Basis der ISO 26000

Kernthema	Bereich/Branche	Initiative
Einbindung und Entwicklung der Gemeinschaft	Zwischenstaatliche Initiativen	OECD, UNCTAD, UNEP, UN Partnership (UNGC, UNDP, UNITAR)
	Multi-Stakeholder-Initiativen	AccountAbility, BSCI, ZfW, CSR360, EFQM, EBEN, FORÉTCIA, GRI,Dänisches Institut für Menschenrechte, ISEAL, International Framework Agreement, Rainforest Alliance, Project Sigma, Responsabilidad Social Empresarial, TNS
	Inititiven einzelner Anspruchsgruppen	Caux Round Table, Ethos Institute, The Global Sullivan Principles of Social Responsibility, ICC, WBCSD
	Landwirtschaft	BSI, 4C, FLO, Rainforest Alliance, UTZ CERTIFIED, World Cocoa Foundation
	Bekleidungsindustrie	-
	Biotreibstoffe	Roundtable on Sustainable Biofuels
	Bauwesen	-
	Chemie	International Council of Chemical Associations
	Konsumgüter/Einzelhandel	-
	Elektronik	Electronic Industry Citizenship Coalition, Zentralverband der Deutschen Elektro- und Elektronikindustrie
	Energie	-
	Rohstoffindustrie	EITI, IPIECA, ICMM
	Finanz- und Investmentwesen	PRI, Wolfsberg Group
	Fischereiwesen	-
	Forstwirtschaft	FSC, PEFC
	Informationstechnologien	UNEP und ITU
	Transport	-
	Reisen und Tourismus	Rainforest Alliance and other Partners

Tabelle 13: Initiativen zum Kernthema Einbindung und Entwicklung der Gemeinschaft (Quelle: eigene Darstellung, auf Basis der ISO 26000)

www.ingramcontent.com/pod-product-compliance
Lightning Source LLC
Chambersburg PA
CBHW030733180526
45157CB00008BA/3143